Barbacoa

BLUME

Contenido

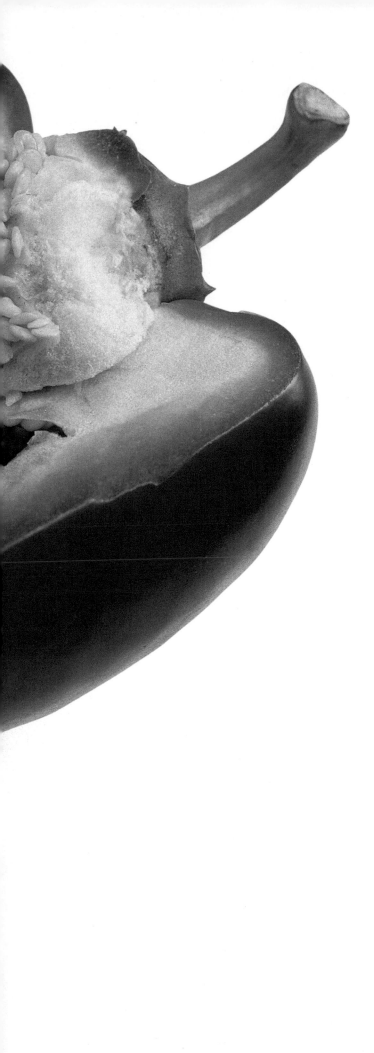

Asar a la barbacoa
Todo lo que necesita

La organización de una fiesta alrededor de una barbacoa no es exclusiva de Estados Unidos. En este país no sólo es una afición nacional, sino también un acto social con el que incluso los presidentes agasajan a sus visitas de estado. No se sabe si fueron los tramperos los que por vez primera asaron un bisonte *barbe-à-queue,* desde la barba hasta la cola, en el fuego de su campamento, o los indios, que asaron un trozo de carne en las brasas del fuego (*barbacoa*) y acuñaron el término. Lo que es cierto es que cocinar sobre un fuego al aire libre es una práctica habitual desde hace varios miles de años. Quizá por eso al llegar el verano despierta nuestro instinto de salir afuera, encender un fuego y emprender la aventura de organizar una barbacoa con amigos y familiares. El atractivo no sólo radica en el aroma único que las viandas adquieren al ser asadas al carbón de leña, sino también en sus exquisitos complementos. La barbacoa no se reduce a asar la carne, sino que previamente ésta debe macerarse en un adobo o cubrirse con mezclas de especias. Además se acompaña de ensaladas, salsas, aderezos y mantequillas especiales. Tampoco se limita a los bistés: puede asar pescados enteros o filetes de pescado, broquetas de pavo, verdura rellena o plátanos asados. Asar a la barbacoa es mucho más que una diversión veraniega.

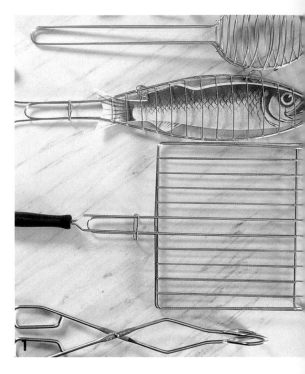

MAZORCAS DE MAÍZ (izquierda) son el acompañamiento favorito de los norteamericanos para una barbacoa. Son más fáciles de comer con los dedos, siempre que antes se les haya clavado un pincho de madera a modo de mango.

1 **ACCESORIOS PARA LA BARBACOA:** Además de los básicos (tenedor, pinza y pala) para dar la vuelta a las viandas, las parrillas o rejillas son muy útiles, y con ellas puede asar, por ejemplo, un pescado entero.

2 La **CARNE** debe estar relativamente veteada, para ser más jugosa. Para evitar que se seque, sálela justo antes o después de asarla a la barbacoa.

3 Al **MARINAR** y **ADOBAR** los alimentos mejorará su sabor, a la vez que los hará más tiernos y jugosos. Una mezcla básica está compuesta por aceite vegetal, hierbas frescas y ajo. La carne debe adobarse al menos una hora y para el pescado suelen bastar 30 minutos.

4 La **MANTEQUILLA A LAS HIERBAS** es un buen acompañamiento para la carne. Si la quiere preparar en casa, mezcle especias y hierbas con mantequilla ablandada y forme un rollo con papel de aluminio. Deje que se endurezca en la nevera y córtela en rebanadas.

5 Los **HIGOS** y otras frutas como los plátanos, las nectarinas o los melocotones pueden asarse a la barbacoa con o sin rellenar para finalizar la comida con un toque dulce.

6 Las **PATATAS** no sólo pueden presentarse asadas como el clásico acompañamiento para la barbacoa, sino que también puede ofrecerlas en tiritas o en una ensalada.

7 Las **SALSAS** para la barbacoa están disponibles en cualquier supermercado listas para su uso, aunque también las puede preparar en casa.

7

EL EQUIPO PARA LA BARBACOA: Lo fundamental es la barbacoa al carbón de leña, que se presenta en modelos de diversas formas (cuadradas o redondas). Cada vez son más populares las barbacoas esféricas, cuya tapa permite una cocción mucho más regular. Para los más impacientes, a quienes la preparación de las brasas les parece demasiado prolongada, es recomendable una parilla a gas o eléctrica. Y si quiere asar a la barbacoa cuando llueve, puede hacerse con una parrilla de mesa o puede asar a la piedra, e incluso utilizar la parrilla del horno si dispone de los aditamentos necesarios.

EL CARBÓN DE LEÑA o las briquetas de carbón de leña son el combustible ideal. Por motivos de salud no debería emplear madera o papel. Amontone el carbón de leña en forma de una pirámide y enciéndalo con los productos comerciales disponibles, y nunca con alcohol de quemar o gasolina. Comience a prepararlo con antelación, ya que hasta que la brasa adquiera su punto óptimo —esto es, que esté cubierta de una capa blanca de ceniza— pueden transcurrir entre 30 y 45 minutos.

La **SEGURIDAD**, no sólo para los invitados, es el requisito principal de cualquier barbacoa. Compruebe que no hay ningún material inflamable en las inmediaciones de la barbacoa, y que no elimina las brasas hasta que están totalmente apagadas.

6

Paso a paso
Las técnicas básicas para asar a la barbacoa

El asado a la barbacoa es un modo de cocción muy recomendable, ya que no se requiere la adición de grasa, y como debido a las altas temperaturas se forma rápidamente una costra en la carne que evita la pérdida de sus jugos, la carne queda tierna y jugosa. Es necesario untar la parrilla de la barbacoa con aceite antes de comenzar para que los alimentos no se queden pegados a la misma. La carne debe tener un grosor mínimo de 2 a 3 cm para que no se seque en exceso. La tierna carne de pollo se suele secar, a menos que se adobe con antelación. La carne y el pescado deben estar a temperatura ambiente antes de colocarlos sobre la parrilla. En los productos marinados y adobados debe secar el exceso de líquido para evitar que éste caiga sobre las brasas y se generen productos nocivos para la salud. Para conservar el aroma y ensuciar poco pueden utilizarse unos recipientes especiales de aluminio o papel del mismo material. Ambos son especialmente indicados en el caso de hortalizas delicadas como los tomates o el pescado tierno. No ase en la barbacoa carnes ahumadas o saladas ya que a temperaturas elevadas pueden generarse nitrosaminas, que son potencialmente cancerígenas.

Preparar paquetes de papel de aluminio

1 Corte un trozo de papel de aluminio grueso o utilice 2 láminas del papel habitual, y engráselo con aceite por la cara brillante.

2 Coloque los productos que va a asar (hortalizas o pescado) en el papel, doble los extremos largos hacia arriba y ciérrelos bien doblándolos sobre sí mismos.

3 Cierre los laterales del envoltorio para asegurar la estanqueidad y evitar la pérdida de producto.

Prueba de cocción para bistés

1 Haga la prueba de cocción: si es fácil deformar la carne al presionarla, está poco hecha (en inglés *rare*, en francés *saignant*). El exterior es oscuro, el interior está crudo y el jugo es rojizo.

2 Si reacciona de forma elástica a la presión, está medio hecha (en inglés *medium*, en francés *à point*). El exterior es oscuro, la carne es rosada y el jugo es rosado.

3 Si la carne no se deforma bajo una presión ligera, está bien hecha (en inglés *well-done*, en francés *bien cuit*). La carne está totalmente hecha y el jugo es claro y transparente.

Preparar una salsa barbacoa

1 Rehogue una cebolla cortada a trozos pequeños junto con un ajo picado en 1 cucharada de aceite, sin dejar de remover.

2 Añada 3 cucharadas de jerez y 4 cucharadas de zumo de naranja recién exprimido. Déjelo hervir brevemente.

3 Incorpore 4 cucharadas de ketchup de tomate, 2 cucharadas de miel, 3 cucharadas de salsa de soja. Sazone con sal, pimienta y chile en polvo.

4 Adobe las costillas de cerdo con la salsa barbacoa y déjelas reposar durante 1 hora antes de asarlas.

Marinar pescado y marisco

1 Los pescados enteros como las sardinas se marinan en una mezcla de ajo, aceite de oliva, sal, pimienta, chile y hierbas durante unas 2 horas. Déles la vuelta de vez en cuando.

2 Los mariscos como las gambas se marinan enteras o peladas, sin cabeza, en ajo, aceite de oliva, zumo de limón, perejil y orégano durante unos 30 minutos.

Preparar patatas asadas

1 Lave bien las patatas y pínchelas repetidas veces con un tenedor.

2 Envuelva las patatas individualmente en un trozo grande de papel de aluminio.

3 Ase las patatas sobre la parrilla durante unos 50 minutos. Hágales un corte en forma de cruz.

4 Abra ligeramente la patata y, si lo desea, rellénela con cualquier tipo de salsa.

Salsas y ensaladas

Tres salsas de yogur
con queso, hierbas y mango

Para mojar: estas salsas no sólo son indispensables en cualquier

barbacoa; las ensaladas tampoco están completas sin ellas

Ingredientes

Para la salsa de yogur y roquefort:

½ manojo de **cebollas** tiernas

100 g de **yogur** · 100 g de **roquefort**

1 cucharada de **zumo de limón**

Para la salsa de yogur y hierbas:

½ manojo de **perejil**, ½ de

albahaca y ½ de **cebollino**

½ cucharadita de **ralladura de**

limón · zumo de ½ **limón**

100 g de **queso** fresco · 100 g de

yogur · **sal** · **pimienta** recién molida

Para la salsa de yogur y mango:

½ manojo de **cebollas** tiernas

½ manojo de **cilantro**

2 cucharadas de *chutney* **de mango**

zumo de 1 **lima**

100 g de **queso** fresco

50 g de **yogur** · salsa **Tabasco**

sal · **pimienta** recién molida

Preparación

PARA 4 PORCIONES DE CADA UNA

1 Para la salsa de yogur y roquefort, limpie la parte blanca de la cebolla tierna y córtela en trozos pequeños. Triture las cebollas tiernas con el roquefort, el zumo de limón y el yogur en la batidora.

2 Para la salsa de yogur y hierbas, lave y seque las hierbas. Separe las hojas del perejil y de la albahaca y píquelas finamente. Corte el cebollino en trozos pequeños. Triture las hierbas junto con la ralladura de limón, el zumo de limón, el queso fresco y el yogur en la batidora, y sazone con sal y pimienta.

3 Para la salsa de yogur y mango, limpie las cebollas tiernas y córtelas en trozos pequeños. Lave el cilantro, séquelo y separe las hojas.

4 Triture las cebollas tiernas junto con las hojas de cilantro, el *chutney* de mango, el zumo de lima y el queso fresco en la batidora. Mézclelo todo con el yogur y sazónelo con unas gotas de salsa Tabasco, sal y pimienta.

Las salsas de yogur son ideales para acompañar hortalizas a la parrilla, como tiritas de patata, calabacines y pimientos. También son deliciosas para acompañar cualquier ensalada de hojas o verduras.

Ensalada de berenjenas
con alcaparras y roqueta

Simplemente aparecen con el verano: estas hortalizas de color violeta fuerte se combinan de manera excelente con las picantes alcaparras y el sabor a nuez de la roqueta

Ingredientes

3 **berenjenas** pequeñas

(aprox. 750 g)

2 dientes de **ajo**

2 **chiles** rojos

8 cucharadas de **aceite de oliva**

sal · pimienta recién molida

1 manojo de **roqueta**

2 cucharadas de **aceto balsámico**

2 cucharadas de **vinagre de vino blanco**

3-4 cucharadas de **alcaparras** en conserva

Preparación
PARA 4 PERSONAS

1 Limpie las berenjenas y córtelas en dados de entre 2 y 3 cm. Pele el ajo y píquelo finamente. Lave los chiles, si lo desea elimine las semillas, y córtelos en rodajas.

2 Dore los dados de berenjena en 4 cucharadas de aceite de oliva y al final añada el ajo y las rodajas de chile; déjelos dorar brevemente, sazone con sal y pimienta y déjelos enfriar ligeramente.

3 Prepare y lave la roqueta, sepárela en hojas y elimine los tallos duros.

4 Mezcle ambos tipos de vinagre con sal y pimienta, incorpore el aceite batiendo enérgicamente, sazone la salsa con sal y pimienta y mézclela con las berenjenas, la roqueta y las alcaparras.

Si le desagrada el sabor ligeramente amargo de las berenjenas, puede cortarlas en rodajas antes de freírlas, salarlas y dejarlas reposar brevemente. Después debe enjuagarlas y secarlas.

Ensalada de endibia
con manzanas y tocino

Preparación
PARA 4 PERSONAS

1 Mezcle el vinagre, el caldo, la mostaza, la sal y la pimienta e incorpore el aceite batiendo enérgicamente. Separe las hojas de mejorana, lávelas, séquelas y añádalas a la salsa.

2 Pele las cebollas y córtelas en trozos pequeños. Lave las manzanas, cuartéelas, elimine las semillas y córtelas en gajos finos; cúbralos inmediatamente con zumo de limón.

3 Corte el tocino en dados y dórelos en una sartén sin grasa hasta que estén crujientes. Añada las cebollas. Rehóguelas unos 3 minutos y retírelas. Añada los gajos de manzana a la mezcla de cebolla y tocino.

4 Prepare y lave la ensalada, centrifúguela y córtela en trozos del tamaño de un bocado. Mézclela con la salsa y la mezcla de tocino y manzana. Sazónela y sírvala.

Ingredientes

3 cucharadas de **vinagre de vino blanco**

125 ml de **caldo de verdura**

1 cucharadita de **mostaza** picante

sal · **pimienta** recién molida

2 cucharadas de **aceite**

½ manojo de **mejorana** fresca

2 **cebollas**

3 **manzanas**

1 cucharada de **zumo de limón**

150 g de **tocino** ahumado

1 **endibia**

Ingredientes

1 **pimiento rojo**, 1 **verde** y 1 **amarillo**

2 **cebollas** rojas

200 g de **queso de oveja** tierno

2 cucharadas de **vinagre de vino blanco**

4 cucharadas de **aceite de oliva**

sal · **pimienta** recién molida

algunas hojas de **lechuga**

Ensalada de pimiento
multicolor con queso de oveja

Preparación
PARA 4 PERSONAS

1 Lave los pimientos, divídalos por la mitad, elimine el tallo y las semillas. Séquelos y córtelos en tiras muy finas.

2 Pele las cebollas y córtelas en anillos finos. Mézclelas con las tiras de pimiento. Desmigue el queso de oveja y repártalo por encima.

3 Mezcle el vinagre de vino blanco, el aceite de oliva, la sal y la pimienta para hacer el aliño, repártalo sobre la ensalada de pimiento y mézclelo bien.

4 Disponga la ensalada de pimiento junto con las hojas de lechuga en cuencos, espolvoree con pimienta molida y sírvala con pan blanco o *baguette*.

Ensalada de pan
con atún y alcaparras

Todo incluido: puede ahorrarse el pan para acompañar

la ensalada porque este plato ya lo lleva

Ingredientes

200 g (aprox.) de **pan blanco** (del

día anterior)

2 **cebollas** tiernas

2 **tomates**

200 g de **pepino**

1 **pimiento amarillo**

1 cucharadita de **aceto balsámico**

2 cucharadas de **vinagre de vino**

tinto

sal · pimienta recién molida

5 cucharadas de **aceite de oliva**

150 g de **atún** (en conserva)

2-3 **alcaparras** (para adornar)

Preparación
PARA 4 PERSONAS

1 Elimine la corteza del pan y córtelo en dados. Limpie las cebollas tiernas y córtelas, con la parte verde incluida, en anillos.

2 Lave los tomates, cuartéelos y elimine las semillas. Lave el pepino, córtelo longitudinalmente por la mitad y elimine las semillas con una cucharita pequeña. Lave el pimiento, divídalo y elimine el tallo y las semillas. Corte los tomates, el pepino y el pimiento en dados pequeños.

3 Mezcle ambos tipos de vinagre con sal, pimienta y aceite de oliva en un cuenco. Incorpore los dados de hortalizas y los de pan y deje reposar la ensalada al menos 30 minutos.

4 Deje escurrir el atún y desmíguelo en trozos grandes con un tenedor. Poco antes de servir este plato mezcle el atún con la ensalada de pan, incorpore todos los ingredientes, sazone nuevamente y sírvalo decorado con las alcaparras.

Si no le gustan las alcaparras, puede no incluirlas. También puede añadir hierbas frescas como albahaca o perejil para dar un sabor más refinado. La menta aportará una nota especialmente fresca.

Salsa de almendras y queso
y pesto de tomate y almendras

¿La carne se hace esperar? Si se despista, ya se habrá
llenado con las deliciosas cremas y salsas

Ingredientes

Para la salsa de almendras y queso:

400 g de **queso** fresco

100 ml de **leche** · 1 **escalonia**

1 diente de **ajo**

3 cucharadas de **hierbas** variadas

picadas (p. ej. **perejil**, **albahaca**

y **estragón**)

125 g de **almendras** fileteadas

sal · **pimienta** recién molida

Para el pesto de tomate y almendra:

3 dientes de **ajo**

125 g de **tomates** secados en aceite

80 g de **aceitunas negras** sin hueso

2 manojos de **albahaca**

100 ml de **aceite de oliva**

100 g de **almendras**

zumo de ½ **limón**

sal · **pimienta** recién molida

Preparación
PARA APROX. 10 PORCIONES

1 Para la salsa de almendras y queso, mezcle el queso fresco con la leche. Pele la escalonia y el ajo, píquelos muy finamente e incorpórelos a la crema de queso junto con las hierbas.

2 Tueste las almendras fileteadas en una sartén antiadherente y sin grasa. Mezcle dos terceras partes de las hojas con la crema de queso y sazone con sal y pimienta.

3 Disponga la salsa de almendras y queso en un cuenco y decórela con las almendras restantes.

4 Para el pesto de tomate y almendras, pele el ajo. Deje escurrir un poco los tomates. Pique el ajo, los tomates y las aceitunas. Separe las hojas de albahaca de los tallos, lávelas y séquelas.

5 Píquelas en la batidora y vaya añadiendo poco a poco el aceite de oliva y 200 ml de agua. Incorpore las almendras y el zumo de limón. Si es necesario, añada un poco más de agua hasta que la pasta quede homogénea. Sazone con sal y pimienta y si lo desea decore con palitos de almendra.

La salsa de almendras y queso resulta ideal con hortalizas a la brasa como el hinojo, el calabacín y los pimientos. También puede extenderse sobre pan. Sirva el pesto de tomate y almendras con grisines y palitos de hortalizas crudas.

Ensalada de hinojo
y tomate con hierbas

Preparación
PARA 8 PERSONAS

1 Limpie el hinojo, retire las hojas verdes, píquelas finamente y resérvelas. Corte el hinojo en sentido longitudinal por la mitad; elimine el tronco duro y córtelo transversalmente en tiras.

2 Lave la albahaca y el perejil, séquelos y pique las hojas finamente. Separe las hojas de romero y píquelas finas. Escurra los tomates secados al sol, séquelos y córtelos en dados pequeños.

3 Fría el hinojo a porciones por ambas caras en un poco de aceite caliente con romero durante unos 2 o 3 minutos, pero sin que llegue a dorarse. Sazone con sal y pimienta.

4 Mezcle el aceite restante con vinagre, caldo, sal y pimienta. Incorpore la parte verde del hinojo, la albahaca, el perejil y los tomates secados, y sazone. Añada el hinojo. Lave los tomates y córtelos en gajos. Mezcle el hinojo, los tomates y la maceración y sirva la ensalada.

Ingredientes

3 **hinojos** (aprox. 750 g)

1 manojo de **albahaca** y 1 de **perejil**

1 rama de **romero**

3 **tomates** secados al sol en aceite

80 ml de **aceite de oliva**

sal · **pimienta** recién molida

4 cucharadas de **vinagre de vino blanco**

100 ml de **caldo vegetal**

1,2 kg de **tomates** pequeños

Ingredientes

300 g de *choucroute* (col fermentada)

400 g de **zanahorias**

100 g de **crema agria**

1 cucharada de **aceite**

½ cucharadita de **azúcar**

20 g de **avellanas** picadas

sal · pimienta recién molida

2 cucharadas de **perejil** picado

hojas de perejil (para decorar)

Ensalada de *choucroute*
y zanahoria con avellanas

Preparación
PARA 4 PERSONAS

1 Separe la *choucroute* con un tenedor. Pele y ralle las zanahorias.

2 Mezcle la crema agria con el aceite, el azúcar, la mitad de las avellanas, sal y pimienta; sazone e incorpore el perejil.

3 Mezcle la *choucroute* con las zanahorias y el aderezo, póngala sobre platos, decórela con las avellanas restantes y las hojas de perejil.

Ensalada de patatas
clásica con manzanas y apio

Para todos los gustos: ya sea con caldo o con mayonesa,
con la carne asada **siempre** hay que servir una ensalada de patatas

Ingredientes

Para la ensalada de patatas clásica:

800 g de **patatas** · sal

1 **cebolla**

200 ml de **caldo de carne** hirviendo

pimienta recién molida

4-5 ml de **vinagre de vino blanco**

5 cucharadas de **aceite**

½ manojo de **roqueta**

Para la ensalada de patatas con

manzana y apio:

4 cucharadas de **mayonesa**

100 g de **yogur**

2 **manzanas**

200 g de tiras de **apio** (en conserva)

Preparación
PARA 4 PERSONAS

1 Lave las patatas y hiérvalas en agua salada durante unos 20 minutos. Pele la cebolla y córtela en dados pequeños.

2 Deje enfriar ligeramente las patatas y pélelas mientras aún estén calientes. Córtelas en rodajas de grosor regular y mézclelas con los dados de cebolla.

3 Mezcle el caldo de carne hirviendo con sal, pimienta, aceite y vinagre y cubra las patatas con este caldo. Mezcle con cuidado y deje reposar al menos durante 15 minutos.

4 Lave la roqueta, séquela, córtela en trozos pequeños y mézclela con las patatas.

5 Para la ensalada de patatas con manzanas y apio, prepare la ensalada de patatas como se describe en los pasos 1 a 3, pero utilice únicamente 6 cucharadas de caldo de carne. Mezcle la mayonesa con el yogur e incorpórelos. Deje reposar la ensalada.

6 Lave las manzanas, elimine las pepitas y córtelas en dados. Corte el apio en dados. Mézclelo todo con la ensalada. Si lo desea, decórela con hierbas.

Es preferible servir tibia la ensalada de patatas con caldo. En lugar de roqueta también puede emplear cebollino o endibias. Deje reposar bien la ensalada de patatas con mayonesa y sírvala una vez esté fría.

Ensalada de cuscús
con queso de oveja

Extraordinariamente buena: esta exótica ensalada
no sólo produce un enorme impacto visual

Ingredientes

400 g de **cuscús**

sal

3 **tomates**

1 **cebolla** roja grande

2 dientes de **ajo**

150 g de **queso de oveja**

½ manojo de **menta**

3 cucharadas de **vinagre de vino
blanco**

½ cucharadita de **cilantro** molido

pimienta recién molida

6 cucharadas de **aceite de oliva**

1 cucharada de **pistachos** picados

2 cucharadas de **cacahuetes** sin
salar

hojitas de **menta** para decorar

Preparación
PARA 4 PERSONAS

1 Cubra el cuscús con 400 ml de agua hirviendo salada y déjelo
reposar durante 5 minutos. Remueva el cuscús varias veces
con un tenedor.

2 Lave los tomates, cuartéelos, elimine las semillas y córtelos en
dados. Pele la cebolla, divídala longitudinalmente y córtela
en gajos finos. Pele el ajo y píquelo finamente. Corte el queso
de oveja en dados pequeños. Lave las hojas de menta, séquelas
y córtelas en trozos pequeños.

3 Mezcle el vinagre con cilantro, sal y pimienta, incorpore el
aceite mientras lo bate y vuelva a sazonar. Añada los tomates,
el ajo y la cebolla y mezcle el conjunto con el cuscús.

4 Añada el queso de oveja, la menta, los pistachos y los cacahuetes,
mezcle con cuidado y decore el plato con las hojas de menta.
Déjelo reposar brevemente y sírvalo.

**El cuscús, el plato nacional del norte
de África, está compuesto de sémola de
trigo duro, mijo o una mezcla de ambos.
Suele estar precocinado y sólo debe
remojarse brevemente hasta que se esponje.**

Ensalada de pasta
y calabacín con pesto y pecorino

Preparación
PARA 4 PERSONAS

1 Prepare y lave los calabacines, séquelos y córtelos en rodajas. Escalde los tomates, pélelos, cuartéelos, elimine las semillas y córtelos en dados.

2 Mezcle el aceite de oliva, la ralladura y el zumo de limón, sal y pimienta para el aliño e incorpore el pesto. Añada los tomates, el calabacín y la melisa (toronjil), mézclelo todo y déjelo reposar.

3 Mientras tanto hierva la pasta según las instrucciones del paquete en abundante agua salada. Escurra la pasta y añádala a la verdura. Mézclelo bien y sazone.

4 Reparta la ensalada de pasta sobre platos, adórnela con el pecorino en virutas y con hojas de melisa (toronjil).

Ingredientes

2 **calabacines** pequeños (aprox. 250 g)

3 **tomates**

3 cucharadas de **aceite de oliva**

1 cucharadita de cáscara de **limón** rallada

zumo de 1 limón

sal · **pimienta** recién molida

2-3 cucharadas de **pesto de albahaca**

(en conserva)

1 cucharada de **melisa** (toronjil) finamente

picada

400 g de **espirales**

150 g de **pecorino** añejo

Ingredientes

150 g de **arroz** de grano largo

sal

150 g de **judías rojas** (en conserva)

150 g de **alubias blancas** (en conserva)

2 **tomates**

½ **pepino** pequeño

2 cucharadas de **vinagre de vino blanco**

pimienta recién molida

5 cucharadas de **aceite**

2 cucharadas de **perejil** picado

Ensalada de arroz y judías
con pepino y tomate

Preparación
PARA 4 PERSONAS

1 Lave el arroz bajo el chorro del agua fría en un colador y después hiérvalo en el doble de su volumen de agua ligeramente salada. Una vez rompa el hervor, reduzca el fuego, tape el cazo y déjelo cocer a fuego lento unos 20 minutos. Déjelo enfriar.

2 Escurra las judías y las alubias, enjuáguelas con agua fría y déjelas escurrir.

3 Escalde los tomates, elimine la piel, cuartéelos, elimine las semillas y córtelos en dados pequeños. Lave el pepino, divídalo longitudinalmente en dos, elimine las semillas con una cuchara y córtelo en dados pequeños.

4 Mezcle el vinagre, la sal, la pimienta y el aceite, e incorpore el perejil. Mezcle en una ensaladera el arroz con las judías, el tomate, los dados de pepino y el aliño de la ensalada.

Mantequilla
a los tres gustos

Resulta muy sencillo y se prepara en un abrir y cerrar de ojos: si no tiene mantequilla con ajo o hierbas no vale la pena ni encender la barbacoa

Ingredientes

Para la mezcla básica:

125 g de **mantequilla** ablandada

1 cucharada de **crema agria**

Para la mantequilla de hierbas:

3 cucharadas de **hierbas** frescas picadas (p. ej. **tomillo**, **albahaca**, **mejorana**)

2 cucharadas de **zumo de limón**

sal · **pimienta** recién molida

Para la mantequilla de ajo:

3 dientes de **ajo** · ½ manojo de **perejil**

sal · **pimienta** recién molida

Para la mantequilla al tomillo y limón:

2 ramas de **tomillo** · 1 cucharada de cáscara de **limón** rallada

2 cucharadas de **zumo de limón**

sal · **pimienta** recién molida

Preparación
PARA 8 PORCIONES DE CADA UNA

1 Para la mezcla básica, bata la mantequilla ablandada con la crema agria con la batidora de varillas manual.

2 Para la mantequilla de hierbas, añada las hierbas y el zumo de limón y sazone con sal y pimienta.

3 Para la mantequilla de ajo, pele el ajo y páselo por el prensaajos o píquelo finamente. Lave el perejil, séquelo y córtelo en trozos pequeños. Añada estos dos ingredientes a la mezcla básica y sazone con sal y pimienta.

4 Para la mantequilla al limón y tomillo, lave el tomillo, séquelo y píquelo finamente. Mezcle el tomillo, la ralladura y el zumo de limón con la mezcla básica y sazone con sal y pimienta.

5 Deje enfriar la mantequilla preparada en la nevera. Envuélvala previamente en papel de aluminio en forma de rollo o forme porciones con una manga pastelera mientras aún esté blanda y enfríelas. La mantequilla también puede congelarse.

Utilice la mantequilla al limón y tomillo para acompañar el pescado a la brasa; la mantequilla de hierbas para los bistés de ternera o cerdo y la mantequilla de ajo para el cordero, así como para las hortalizas a la brasa.

Carne

Muslos de pollo
con calabaza picante

Todo a tono: los muslitos de pollo caramelizados y los picantes gajos
de calabaza se encuentran juntos sobre las brasas

Ingredientes

Para los muslos de pollo:

16 muslos de **pollo** · 1 **cebolla**

1 **pimiento** rojo pequeño

175 g de **miel**

2 cucharaditas de **sal**

pimienta recién molida

250 g de **ketchup de tomate**

1-2 cucharadas de **vinagre de
fruta** · salsa **Tabasco**

½ cucharadita de semillas de

hinojo y ¼ de cucharadita

de cáscara de **naranja** rallada

2 cucharadas de **zumo de naranja**

Para la calabaza picante:

1 **chile** rojo pequeño

75 g de **mantequilla**

sal · **pimienta** recién molida

2-3 **calabazas** pequeñas (2 kg)

Preparación
PARA 8 PERSONAS

1 Lave y seque los muslos de pollo y póngalos en un cuenco.

2 Pele la cebolla y córtela en dados. Limpie el pimiento, lávelo, divídalo longitudinalmente, elimine las semillas y córtelo en dados pequeños.

3 Mezcle en un cazo la cebolla, el pimiento, la miel, sal, pimienta, el ketchup de tomate, el vinagre de fruta y un poco de Tabasco; caliéntelo todo hasta que rompa el hervor y déjelo cocer unos 15 minutos a fuego lento. Añada las semillas de hinojo, el zumo y la ralladura de cáscara de naranja y cubra los muslos de pollo con esta salsa. Déjelos reposar tapados en la nevera durante toda la noche. Reserve en la nevera la salsa restante.

4 Para la calabaza picante divida el chile por la mitad, límpielo, elimine las semillas y córtelo en dados pequeños. Derrita la mantequilla y mézclela con el chile, la sal y la pimienta.

5 Lave las calabazas y córtelas sin pelar en gajos de 3 a 4 cm de anchura. Elimine las semillas con una cuchara. Extienda la mantequilla con chile sobre los gajos con un pincel y póngalos en una bandeja de aluminio. Reserve las calabazas y la mantequilla restante tapadas en la nevera.

6 Ase los gajos de calabaza sobre las brasas durante unos 30 minutos, pincelando continuamente con la mantequilla de chile.

7 Ase los muslos de pollo sobre una parrilla engrasada a cierta distancia de la brasa de 8 a 10 minutos por lado. Vaya pincelando con la salsa de barbacoa. Sirva la salsa sobrante con los muslos.

34

Costillas de cerdo
con salsa barbacoa

¿Cuándo volverá el verano? No sólo son un éxito en Estados Unidos:

en todas partes la gente se chupa los dedos después de comerlas

Ingredientes

Para las costillas de cerdo:

2 kg de costillitas de **cerdo**

magras · 1 **cebolla** · 2 dientes de **ajo**

1 manojo de **hierbas** variadas

125 ml de **aceite**

1 cucharadita de **mostaza**

1 cucharada de **salsa de soja**

salsa Worcester

sal · **pimienta** recién molida

Para la salsa barbacoa:

1 **cebolla** mediana · 1 diente de **ajo**

10 cucharadas de **azúcar** moreno

1 cucharadita de **sal** · **pimienta**

recién molida

150 g de **puré de tomate** (en

conserva) · 1-2 cucharadas de

vinagre de vino tinto · salsa

Worcester · 2-3 cucharaditas de

mostaza en polvo

Preparación
PARA 4 PERSONAS

1 Pida al carnicero que le separe el costillar en grupos de 3 a 4 costillas. Precocínelas en agua hirviendo entre 20 y 30 minutos. Séquelas bien.

2 Pele la cebolla y los ajos. Pique la cebolla finamente. Lave las hierbas, séquelas y píquelas finamente. Prense el ajo y mézclelo con los ingredientes restantes para preparar el adobo.

3 Deje reposar las costillas al menos 2 horas en el adobo. Ase las costillas entre 8 y 10 minutos por lado, pincelándolas continuamente con el adobo.

4 Para la salsa barbacoa, pele la cebolla y el ajo, pique la cebolla y prense el ajo. Mezcle todos los ingredientes en un cazo pequeño y cuézalos a fuego lento durante 15 minutos. Remueva continuamente. Puede servir la salsa caliente, tibia o fría para acompañar las costillas.

Si hierve primero las costillas, se mantendrán más jugosas y al asarse quedarán más crujientes. Si no las cocina con antelación necesitarán entre 20 y 30 minutos para quedar correctamente asadas.

Pechuga de pollo rellena
acompañada de espinacas

Preparación
PARA 4 PERSONAS

1 Lave las pechugas de pollo, séquelas y haga un corte para introducir el relleno. Mezcle el mascarpone con el gorgonzola. Escurra los tomates y córtelos a trozos.

2 Tueste los piñones en una sartén sin aceite, píquelos finamente, añádalos junto con los tomates a la crema de mascarpone y mézclelo todo bien. Introduzca el relleno en las pechugas. Cierre las pechugas con palillos, salpimiente y áselas a la barbacoa unos 10 minutos.

3 Separe las hojas de espinacas, lávelas y córtelas en trozos pequeños. Pele los ajos y la escalonia; corte el ajo en rodajas y la escalonia en dados. Caliente el aceite y dore el ajo. Retírelo y déjelo escurrir.

4 Sofría la escalonia en aceite, añada las espinacas y rehóguelas de 3 a 4 minutos hasta que hayan reducido su volumen. Sazónelas con sal, pimienta y nuez moscada y vuelva a añadir el ajo.

Ingredientes

Para las pechugas de pollo:

4 pechugas de **pollo** (150 g cada una, sin piel)

100 g de **mascarpone** · 50 g de **gorgonzola**

50 g de **tomates** secados al sol, en aceite

2 cucharadas de **piñones**

sal · **pimienta** recién molida

Para las espinacas:

500 g de **espinacas**

2 dientes de **ajo** · 1 **escalonia**

2 cucharadas de **aceite de oliva**

sal · **pimienta** recién molida · **nuez moscada**

Ingredientes

2 cucharaditas de hojas de **romero**

picadas

zumo de 1 **limón**

1 cucharadita de **cáscara de limón** rallada

3 cucharadas de **aceite de oliva**

sal · **pimienta** recién molida

2 dientes de **ajo**

300 g de **pechuga de pavo**

2 **calabacines** pequeños

150 g de **tomates cereza**

Broquetas de pavo
con tomate y calabacín

Preparación
PARA 4 PERSONAS

1 Sumerja los pinchos de madera durante 30 minutos en agua fría. Mezcle las hojas de romero con 3 cucharadas de zumo de limón, la ralladura de limón, el aceite de oliva, sal y pimienta. Pele y prense el ajo y añádalo.

2 Corte la pechuga de pavo en dados de aproximadamente 2 cm y mézclelos con la mitad del adobo. Prepare y lave los calabacines, córtelos en rodajas y cúbralos con el adobo sobrante.

3 Lave los tomates cereza y séquelos. Retire los trozos de carne y las rodajas de calabacín del adobo y déjelos escurrir. Altérnelos junto con los tomates en los pinchos. Coloque las broquetas una junto a otra sobre un trozo de papel de aluminio engrasado y áselas a la barbacoa girándolas continuamente durante unos 15 minutos.

4 Sirva las broquetas con las salsas de la página 12 y acompáñelas con pan blanco fresco.

Pinchitos de carne picada
con salsa de tomate y chile

De la **mano** a la boca: no hace falta que utilice el tenedor,

pues puede mojar los pinchitos **directamente** en la salsa

Ingredientes

Para los pinchitos de carne picada:

1 trozo de **jengibre** del tamaño de

una avellana

2 **cebollas**

6 cucharadas de **aceite vegetal**

1 kg de **ternera** picada

2 cucharaditas de **curry** en polvo

2 yemas de **huevo**

sal · pimienta recién molida

Para la salsa:

450 g de **tomate**

2 **chiles** rojos

4 dientes de **ajo**

2 cucharaditas de **azúcar**

sal · pimienta recién molida

zumo de 2 **limas**

Preparación
PARA 6 PERSONAS

1 Para los pinchitos de carne deje en remojo entre 20 y 25 pinchos de madera durante 30 minutos en agua fría.

2 Pele el jengibre y píquelo finamente. Pele las cebollas, píquelas finamente y sofríalas en 2 cucharadas de aceite. Mezcle la carne picada con las cebollas, el jengibre, el curry, la yema de huevo, sal y pimienta.

3 Forme pequeñas bolitas alargadas con las manos y ensártelas en los pinchos, úntelas de aceite y áselas de 8 a 10 minutos, lentamente y sin dejar de darles la vuelta y untarlas con el aceite restante.

4 Para la salsa, escalde los tomates, enjuáguelos con agua fría, pélelos, elimine las semillas y pique la pulpa. Abra los chiles longitudinalmente, elimine las semillas y píquelos finos. Pele el ajo y píquelo finamente.

5 Hierva la pulpa de tomate con el chile y el ajo durante 10 minutos y, si lo desea, páselo por el pasapurés, déjelo enfriar y sazónelo con azúcar, sal y pimienta.

6 Exprima la lima sobre los pinchitos y sírvalos con la ensalada de judías y arroz de la página 29.

Hamburguesa
con ensalada de col

La manera americana de preparar una barbacoa: dos clásicos de otro
continente se encuentran cada vez con más frecuencia en los platos actuales

Ingredientes

Para la hamburguesa:

1 cebolla · 500 g de carne picada

(de ternera o mezcla con cerdo)

sal · pimienta recién molida

¼ de cucharadita de chile en polvo

2 cucharaditas de mostaza

1 cucharada de aceite

4 panecillos para hamburguesa

2 cebollas rojas · 4 hojas de lechuga

2 tomates · 80 g de pepino

3-4 cucharadas de mayonesa

Para la ensalada de col:

½ col blanca (aprox. 400 g)

1 puerro · 100 g de zanahorias

sal · 1 pimiento verde

4 cucharadas de mayonesa

7 cucharadas de zumo de naranja

2 cucharadas de vinagre de manzana

pimienta recién molida

Preparación
PARA 4 PERSONAS

1 Para la hamburguesa, pele la cebolla y píquela finamente. Mezcle la carne picada con sal, pimienta, chile en polvo y mostaza. Divida la masa en 4 porciones, forme 4 hamburguesas y úntelas con aceite.

2 Abra los panecillos. Pele las cebollas rojas y córtelas en anillos. Ase las hamburguesas durante 4 minutos por cara. Ase también los anillos de cebolla brevemente. Si es necesario, colóquelos sobre papel de aluminio para evitar que se ennegrezcan.

3 Lave y seque las hojas de lechuga. Lave los tomates y córtelos en rodajas. Prepare y lave el pepino y córtelo en rodajas. Extienda la mayonesa sobre la mitad inferior de los panecillos. Ponga encima las hojas de lechuga y rodajas de tomate. Coloque encima la hamburguesa asada. Cúbralo todo con rodajas de pepino y anillos de cebolla asada. Tápelo con la mitad superior de los panecillos

4 Separe las hojas externas de la col. Lave la col y córtela en tiras finas. Prepare y lave el puerro y córtelo longitudinalmente en tiras finas. Pele las zanahorias y rállelas gruesas.

5 Escalde la col y el puerro en agua salada y déjelos escurrir. Mezcle la col, el puerro y la zanahoria. Parta el pimiento, elimine las semillas y píquelo finamente.

6 Mezcle la mayonesa con el zumo de naranja. Añada el pimiento y el vinagre de manzana, sazone con sal y pimienta. Mezcle el aliño con la ensalada y déjela reposar por lo menos 30 minutos.

Chuletas de cordero picante
con mantequilla especiada

Preparación

1 Lave las chuletas de cordero, séquelas y limpie los huesos. Recorte los bordes de grasa gruesos y salpimiente la carne. Pele el jengibre y píquelo finamente. Abra las cápsulas de cardamomo y ponga las semillas junto con los chiles y los granos de pimienta en el mortero y tritúrelos. Mezcle con canela y nuez moscada.

2 Caliente la mantequilla con el aceite de nueces en una sartén pequeña. Pele el ajo, prénselo y añádalo. Incorpore las especias y caliéntelo todo hasta que rompa el hervor.

3 Añada el perejil y la menta y deje enfriar ligeramente la mantequilla especiada. Recubra las chuletas por ambas caras con la mantequilla especiada y déjelas reposar hasta el momento de asarlas.

4 Ase las chuletas unos 6 a 8 minutos por lado hasta que adquieran un tono dorado, pero de manera que el interior aún quede rosado. Vuelva a calentar la mantequilla especiada restante. Cubra las chuletas asadas con la mantequilla caliente. Sírvalas con gajos de limón.

44

Ingredientes

12 chuletas de **cordero**

sal · **pimienta** recién molida

1 trozo de **jengibre** del tamaño de una avellana · 2 cápsulas de **cardamomo** verdes

2 **chiles** rojos

½ cucharadita de granos de **pimienta**

½ cucharadita de **canela** en polvo

nuez moscada recién molida

2 cucharadas de **mantequilla**

2 cucharadas de **aceite de nueces**

2 dientes de **ajo** · 2 cucharadas de **perejil** picado

1 cucharada de **menta** picada

Ingredientes

4 **patatas** grandes

aceite (para impregnar)

1 **escalonia**

2 **zanahorias**

2 **calabacines** pequeños

unas ramas de **eneldo** y **cebollino**

200 g de **requesón cremoso**

4 cucharadas de **leche**

sal · pimienta recién molida

1 cucharada de **aceite de oliva**

1 cucharada de zumo de **lima**

nuez moscada recién molida

4 bistés de **ternera** (de 180 g cada uno)

Bisté
con patata asada

Preparación
PARA 4 PERSONAS

1 Limpie las patatas y pínchelas con un tenedor. Impregne 4 trozos de papel de aluminio con un poco de aceite y envuelva las patatas. Áselas unos 50 minutos sobre la parrilla, sin dejar de darles la vuelta de vez en cuando, o póngalas directamente sobre las brasas unos 35 minutos.

2 Pele la escalonia y las zanahorias. Lave los calabacines. Corte las hortalizas en tiras finas. Lave, seque y pique las hierbas. Mezcle el requesón, la leche y las hierbas. Sazone con sal y pimienta. Caliente el aceite. Sofría la escalonia, la zanahoria y el calabacín a fuego medio unos 3 minutos. Sazone con zumo de lima, sal, pimienta y nuez moscada.

3 Ase los bistés sobre la parrilla caliente de la barbacoa de 3 a 5 minutos por cada cara. Sazone con sal y pimienta. Desenvuelva las patatas y haga un corte longitudinal en ellas. Rellene el corte con el requesón. Sirva la carne con la patata y las hortalizas.

Costillar de cordero
con aliño dulce y picante

Bien **preparadas**: las costillas adobadas de cordero están
esperando para inaugurar la próxima temporada de **barbacoas**

Ingredientes

1,5 kg de (aprox.) costillar de

cordero (con hueso)

sal · **pimienta** recién molida

3 cucharadas de **aceite**

6 cucharadas de **zumo de tomate**

1 cucharada de **tomate** concentrado

2 cucharadas de **sangrita** picante

4 cucharadas de **miel**

salsa **Tabasco**

1 cucharada de **vinagre de vino**

tinto

1 cucharadita de **pimentón** en polvo

pimienta de Cayena

2 dientes de **ajo**

Preparación
PARA 4 PERSONAS

1 Corte el costillar en 2 trozos del mismo tamaño y frótelos con sal
y pimienta.

2 Caliente el aceite en un cazo con el zumo de tomate, el tomate
concentrado, la sangrita picante y la miel sin dejar de remover
hasta que la miel quede fluida.

3 Añada la salsa Tabasco, el vinagre de vino tinto, el pimentón en
polvo y 1 pizca de pimienta de Cayena. Pele los ajos, prénselos
y añádalos. Adobe el costillar de cordero en esta mezcla durante
unos 30 minutos.

4 Elimine el exceso de líquido del costillar y colóquelo sobre
la parrilla de la barbacoa. Áselo de 25 a 30 minutos sin dejar
de darle la vuelta continuamente.

5 Vuelva a untarlo continuamente con el adobo durante los últimos
10 minutos hasta que adquiera un tono dorado.

**La sangrita es una mezcla de origen
mexicano compuesta por tomate, naranja
y lima. Acompañe el cordero con la
ensalada de pimiento con queso de oveja
de la página 17 o con la ensalada de
cuscús de la página 26.**

46

Pinchitos de saté
con salsa de coco y cacahuete

¿Qué le parece un toque asiático? Los pinchitos especiados y una cremosa salsa de coco llevarán a su mesa los aromas del lejano oriente

Ingredientes

Para los pinchitos de saté:

500 g de escalopes de **cerdo**

2 dientes de **ajo** · 1 trozo de

jengibre del tamaño de una avellana

3 cm de **hierba limonera**

(la porción inferior)

3 cucharadas de **salsa de soja** clara

3 cucharadas de **salsa de pescado**

1 cucharadita de **azúcar** · ½ de

aceite

sal · **pimienta** recién molida

Para la salsa:

1 **chile** rojo · 1 trozo de **jengibre**

del tamaño de una avellana

100 g de **cacahuetes** tostados

125 ml de **leche de coco**

3 cucharadas de **zumo de lima**

½ cucharadita de **azúcar**

3 cucharadas de **salsa de soja** clara

Preparación
PARA 4 PERSONAS

1 Remoje entre 6 y 8 pinchos o broquetas de madera en agua. Corte los escalopes longitudinalmente en tiras de unos 2 cm de anchura. Ensarte las tiras de carne longitudinalmente y en forma de ondas sobre los pinchos y póngalos en un cuenco llano.

2 Pele el ajo y el jengibre y píquelos finamente. Lave la hierba limonera, pélela y píquela finamente. Mezcle todos estos ingredientes con 3 cucharadas de salsa de soja y 3 cucharadas de salsa de pescado, azúcar y un poco de aceite. Sazone con sal y pimienta. Vierta la mezcla sobre los pinchitos y déjelos adobar tapados en la nevera durante, aproximadamente, 1 hora. Déles la vuelta de vez en cuando.

3 Para la salsa abra el chile, elimine las semillas, lávelo y córtelo en trozos pequeños. Pele el jengibre y córtelo en trozos pequeños. Muela los cacahuetes con el chile y el jengibre en una batidora. Mezcle la leche de coco con el zumo de lima, el azúcar y la salsa de soja e incorpore las nueces molidas.

4 Retire los pinchitos del adobo y déjelos escurrir. Áselos sobre la parrilla caliente de la barbacoa unos 3 minutos por lado, untándolos ocasionalmente con el adobo. Sirva los pinchitos con la salsa de cacahuete.

En lugar de los escalopes de cerdo puede utilizar pechuga de pollo. Si no dispone de picadora o batidora, utilice crema de cacahuete en conserva en lugar de cacahuetes.

Broquetas de pollo
con salsa de plátano y coco

Preparación
PARA 4–6 PERSONAS

1 Corte la carne en dados del tamaño de un bocado. Mezcle la salsa de soja, el jerez, sal y pimienta y adobe la carne tapada durante toda la noche en la nevera. Remoje 12 pinchos de madera durante 30 minutos antes de asar.

2 Prepare y lave los calabacines y córtelos en rodajas de aproximadamente 1 cm de grosor. Alterne un dado de carne y una rodaja de calabacín en los pinchos.

3 Para la salsa, tueste ligeramente el coco en una sartén. Pele el plátano y aplástelo con un tenedor. Mézclelo con tres cuartas partes del coco rallado y la leche con la crema acidificada, sazone con pimienta de Cayena y sal. Para servir, recubra con el coco rallado restante.

4 Ase las broquetas durante unos 7 minutos sobre la parrilla caliente. Sírvalas con la salsa.

Ingredientes

Para las broquetas de pollo:

800 g (aprox.) de pechugas de **pollo**

40 ml de **salsa de soja**

40 ml de **jerez**

sal · **pimienta** recién molida

3 **calabacines** pequeños

Para la salsa:

40 g de **coco** rallado

1 **plátano** · 5 cucharadas de **leche**

150 g de **crema acidificada**

pimienta de Cayena · **sal**

Ingredientes

Para las broquetas de cordero:

1 kg de carne de **cordero** (deshuesada)

½ cucharadita de **sal** y 1 de **orégano**

pimienta molida · 1-2 cucharadas de **zumo**

de limón · 8 cucharadas de **aceite de oliva**

Para la ensalada griega:

3 **tomates** · 1 trozo de **pepino**

1 **pimiento verde** · 1 **cebolla**

125 g de **queso de oveja**

sal · **pimienta** recién molida

2 cucharadas de **vinagre de vino blanco**,

2 de **aceite de oliva** y 1 de **orégano**

Broquetas de cordero
con ensalada griega

Preparación
PARA 4 PERSONAS

1 Remoje en agua unos 12 pinchos de madera durante 30 minutos. Corte la carne en dados del tamaño de un bocado, sin nervios y grasa, y ensártela en los pinchos. Mezcle sal, pimienta, zumo de limón, aceite y orégano. Ponga las broquetas en una fuente plana, cúbralas con el adobo, tápelas y déjelas reposar de 2 a 3 horas.

2 Retire las broquetas del adobo, déjelas escurrir y áselas en la parrilla entre 6 y 8 minutos girándolas todo el rato.

3 Para la ensalada, cuartee los tomates, elimine las semillas y córtelos en trozos del tamaño de un bocado. Pele el pepino, córtelo longitudinalmente y después en dados. Limpie el pimiento, cuartéelo, elimine las semillas y córtelo en tiras. Pele la cebolla, córtela por la mitad y en anillos. Desmenuce el queso de oveja. Mézclelo todo.

4 Mezcle la sal, la pimienta, el aceite y el vinagre, sazone e incorpórelo a la ensalada. Espolvoree con orégano.

Alitas de pollo
con salsa de chile y mango

Visto y **no visto**: le asombrará ver lo rápidamente que desaparecerán
estas crujientes alitas con la deliciosa y **afrutada** salsa

Ingredientes

Para las alitas de pollo:

1 kg de alitas de **pollo**

1 trozo de **jengibre** del tamaño de
una avellana · 2 dientes de **ajo**

4 cucharadas de **salsa de soja**,

2 de **aceite de sésamo**,

2-3 de **jarabe de arce** o **miel**

y 2 de **vinagre de Jerez** ·**pimienta
de Cayena** · **pimienta** molida

Para la salsa de chile y mango:

1 cucharada de **maicena** · **1 chile rojo**

100 g de pulpa de **mango**

50 g de **azúcar** · 1 cucharadita de **sal**

3 cucharadas de **vinagre de vino
blanco**

1 cucharadita de **tomate
concentrado**

½ cucharadita de **ajo** picado y

½ de **jengibre** picado finamente

Preparación
PARA 4 PERSONAS

1 Lave y seque las alitas de pollo y, si es necesario, recorte las
puntas.

2 Pele y pique finamente el jengibre y los dientes de ajo. Mezcle
la salsa de soja, el aceite de sésamo, el jarabe de arce, el vinagre
de Jerez y la pimienta de Cayena e incorpore el jengibre y el ajo.

3 Frote las alitas de pollo con pimienta y déjelas adobar en el aliño
durante, aproximadamente, 1 hora. Déjelas escurrir y áselas de
10 a 15 minutos, untándolas ocasionalmente con el adobo.

4 Para la salsa, mezcle la maicena con un poco de agua fría hasta
formar una masa lisa. Abra el chile, elimine las semillas y córtelo
en dados pequeños. Corte la pulpa de mango en dados. Ponga
a hervir 375 ml de agua con el chile, el azúcar, la sal, el vinagre, el
tomate concentrado, el ajo y el jengibre. Añada la maicena y déjelo
cocer todo a fuego lento sin dejar de remover durante 2 minutos.

5 Añada todos los dados de mango, excepto 2 cucharadas,
y redúzcalo a puré con la batidora. Añada los dados de mango
restantes. Es preferible dejar enfriar la salsa durante un par
de horas para realzar todo su sabor.

**Acompañe con *baguette* de ajo: haga cortes
en una *baguette* cada 2 cm. Introduzca
un poco de la mantequilla, como la
de la página 30 en cada corte, envuelva
la *baguette* en papel de aluminio y ase
durante 10 minutos.**

Bistés de cerdo
con guacamole y patata

El vecino no se hará esperar: con los primeros aromas
de la barbacoa, aparecerán inesperados invitados

Ingredientes

Para los bistés de cerdo:

4 cucharadas de **sal marina**

4 cucharaditas de **pimentón** en polvo

1 **chile** seco · 1 cucharadita de **ajo**
en polvo · 8 granos de **pimienta**
negra · 2 cucharaditas de **orégano**,
2 de **tomillo** y ½ de **cominos**

4 bistés de paletilla de **cerdo**

Para el guacamole:

1 **aguacate** grande y maduro

2 cucharadas de **zumo de lima** o
limón · 1 diente de **ajo** · 1 **tomate**

2 cucharadas de **crema acidificada**

1 **cebolla** tierna · **sal** · **pimienta**

pimienta de Cayena

Para las tiras de patata:

750 g de **patatas** grandes

2 cucharadas de **aceite**, 1 de **sal
marina** · 1 cucharadita de **chile** en
polvo · **pimienta** recién molida

Preparación
PARA 4 PERSONAS

1 Para los bistés de cerdo, muela todas las especias en un mortero.
Frote los bistés con la mezcla de especias, colóquelos sobre
la parrilla de la barbacoa y áselos de 6 a 7 minutos por lado.

2 Para el guacamole, parta el aguacate y deshuéselo. Separe la
carne, rocíela con el zumo de lima, añada la crema acidificada
y aplástelo todo con un tenedor.

3 Pele el ajo, prénselo y añádalo. Escalde el tomate, saque la piel
y las semillas y corte la pulpa en dados pequeños. Prepare y lave
la cebolla tierna y córtela en dados pequeños. Mezcle ambos
ingredientes con el puré de aguacate y sazone con sal, pimienta
y pimienta de Cayena.

4 Para las tiras de patata, lave las patatas con piel y córtelas en
8 gajos. Mezcle el aceite, el chile en polvo, la sal y la pimienta con
las patatas. Coloque las patatas sobre papel de aluminio y áselas
a la barbacoa hasta que estén doradas; déles la vuelta una vez.

**Si queda algún sobrante de la mezcla
de especias secas, puede conservarlo
en un recipiente hermético unas semanas.
Si lo mezcla con aceite obtendrá una
pasta especiada.**

Pescado

Truchas asadas
a la barbacoa con hierbas

Crujientes por fuera, tiernas por dentro: las hierbas aromáticas desarrollan
todo su aroma en el interior de uno de los mejores pescados

Ingredientes

4 truchas (400 g cada una, limpias)

sal · pimienta recién molida

1 limón

4 ramas de estragón

4 ramas de perejil

6 hojas de laurel

5-6 cucharadas de aceite

2 dientes de ajo

1 cucharadita de hierbas

provenzales

Preparación
PARA 4 PERSONAS

1 Lave el pescado bajo el chorro del agua fría y séquelo. Frote el interior y el exterior con sal y pimienta.

2 Lave el limón con agua caliente y séquelo. Córtelo en rodajas. Lave y seque el estragón y el perejil.

3 Rellene cada pescado con 1 rama de estragón, 1 rama de perejil, 1 hoja de laurel y 1 rodaja de limón.

4 Desmenuce las hojas de laurel restantes y mézclelas con el aceite. Pele el ajo, prénselo y añádalo. Incorpore las hierbas provenzales al aceite.

5 Cubra el pescado con la marinada de aceite. Ponga el pescado sobre la parrilla y áselo en la barbacoa de 5 a 8 minutos por lado.

Si coloca el pescado directamente sobre la parrilla, acuérdese de engrasarla primero. Gírelo con mucho cuidado para que no se rompa. Acompáñelo con la ensalada de endibias de la página 16 y pan fresco.

Filetes de pescado
en *papillote* con champiñones

Para ocasiones especiales: el delicado pescado se cocina
con todo tipo de verduras en su propio jugo

Ingredientes

200 g de filete de **gallineta**

200 g de filete de **salmón**

200 g de filete de **lenguado**

zumo de 1 **limón**

100 g de **champiñones**

2 **tomates**

1 **hinojo** pequeño

1 diente de **ajo**

2 **escalonias**

4 cucharadas de **aceite de oliva**

sal · pimienta recién molida

1 manojo de **hierbas** variadas

(p. ej. perejil, albahaca, eneldo)

Preparación
PARA 4 PERSONAS

1 Lave los filetes de pescado, séquelos y córtelos en trozos. Póngalos en un cuenco y cúbralos con el zumo de limón.

2 Limpie los champiñones y córtelos en rodajas. Escalde los tomates, pélelos, elimine las semillas y córtelos en dados pequeños. Limpie el hinojo, lávelo y córtelo en tiras. Pele y pique finamente el ajo y las escalonias.

3 Añada todos los ingredientes a la mezcla de pescado e incorpore el aceite. Unte 4 trozos grandes de papel de aluminio con aceite y reparta la mezcla sobre ellos. Sazone con sal y pimienta. Lave las hierbas, séquelas, córtelas en trozos y espolvoréelas sobre el pescado. Envuélvalo con el papel de aluminio y apriete bien los bordes.

4 Ase los paquetitos entre 10 y 15 minutos. Sirva el pescado en su envoltorio de aluminio. Acompáñelo con *baguette* de hierbas o patatas asadas.

Además de los filetes de pescado también puede añadir gambas, o bien limitarse a un solo tipo de pescado. La cocción en aluminio conserva la carne tierna y jugosa.

Rodajas de salmón
con salsa de mostaza

Preparación

1 Ate las rodajas de salmón con un bramante rodeando la piel, salpimiente y cúbralas con zumo de limón y un poco de aceite.

2 Para la salsa de mostaza, pele la escalonia y píquela finamente. Derrita la mantequilla y sofría la escalonia. Añada el vino blanco y déjelo reducir ligeramente.

Incorpore la mostaza con una batidora de varillas y sazone con sal y pimienta.

3 Ase las rodajas de salmón sobre la parrilla no demasiado caliente 3 minutos por lado. Sirva el salmón con la salsa de mostaza. Acompáñelo con una ensalada verde con tomates cereza.

Ingredientes

2 rodajas gruesas de **salmón** (entre 180 y 200 g cada una)

sal · **pimienta** recién molida

1 cucharada de zumo de **limón**

aceite de oliva (para untar)

1 **escalonia**

2 cucharadas de **mantequilla**

2 cucharadas de **vino blanco seco**

1 cucharada de **mostaza** de Dijon

Ingredientes

8 **salmonetes** (limpios)

sal

1 **limón**

piel de ½ **naranja** a tiras

1-2 cucharadas de **pimienta** verde

(en conserva)

2 cucharadas de **aceite de oliva**

Salmonetes
con limón

Preparación
PARA 4 PERSONAS

1 Lave los salmonetes, séquelos y colóquelos uno junto a otro en una fuente llana. Sale el pescado por dentro y por fuera.

2 Lave el limón con agua caliente, séquelo y córtelo en rodajas. Cubra los salmonetes con las rodajas de limón y la piel de naranja, reparta encima la pimienta verde y

mójelo con el aceite de oliva. Déjelo marinar tapado durante, aproximadamente, 30 minutos.

3 Retire los salmonetes de la marinada, elimine el exceso de líquido y áselos en la parrilla de la barbacoa no muy caliente unos 5 minutos por lado. Para servirlos cúbralos con rodajas de limón y pimienta verde.

Dorada
con hortalizas

En traje de **plata**: envuelta en aluminio, la carne se cocina delicadamente
y las hierbas y especias le aportan un sabor **único**

Ingredientes

3 dientes de **ajo**

1 **pimiento rojo**

2 cucharadas de **tomillo** picado

2 cucharadas de **romero** picado

2 cucharadas de **salvia** picada

6 cucharadas de **aceite de oliva**

zumo y ralladura de 2 **limones**

1 **dorada** (aprox. 1 kg, limpia)

1 **pimiento verde**

2 **tomates**

1 **patata**

1 **cebolla**

1 manojo de **roqueta**

sal · pimienta recién molida

Preparación
PARA 4 PERSONAS

1 Pele el ajo y prénselo. Prepare el pimiento, lávelo, elimine las semillas y píquelo finamente. Mezcle el ajo, el pimiento y las hierbas con 5 cucharadas de aceite de oliva y el zumo y la ralladura de limón.

2 Lave el pescado, séquelo y frote el interior y el exterior con la mezcla de hierbas. Déjelo reposar durante aproximadamente 1 hora.

3 Prepare y lave el pimiento, córtelo por la mitad y elimine las semillas. Corte el pimiento en dados. Lave el tomate, cuartéelo y elimine las semillas. Pele la patata y córtela en dados. Pele la cebolla, píquela finamente y sofríala en el aceite restante. Añada los dados de patata y pimiento y sofría brevemente.

4 Lave la roqueta, separe las hojas, centrifúguela, elimine los tallos duros y córtela en trozos. Mézclela con las hortalizas y sazone con sal y pimienta.

5 Salpimiente el pescado por dentro y por fuera, rellénelo con las hortalizas y póngalo junto con las hortalizas restantes sobre papel de aluminio. Reparta la marinada encima y cierre el envoltorio de aluminio. Ase la dorada sobre la parrilla no demasiado caliente durante unos 25 minutos, girando de vez en cuando.

Acompañe este plato con pan de aceitunas y la mantequilla de la página 30 o una patata asada y la salsa de hierbas de la página 45. Otros pescados como las caballas o las truchas también pueden prepararse de la misma manera.

Sardinas
sobre acelgas

Un toque **mediterráneo**: pescado, verdura y especias
que impregnan la barbacoa de **aires** marineros

Ingredientes

3 dientes de **ajo**

2 cucharadas de **perejil** picado

2 cucharadas de **piñones**

1 cucharada de **alcaparras**

1 cucharada de **pasas**

100 ml de **aceite de oliva**

sal · pimienta recién molida

8 **sardinas** (180 g cada una, limpias)

1 **limón**

300 g de **acelgas**

1 cucharada de **mantequilla**

Preparación
PARA 4 PERSONAS

1 Pele los dientes de ajo, pique 2 de ellos y páselos por el pasapurés junto con el perejil, 1 cucharada de piñones, las alcaparras, las pasas y el aceite. Sazone con sal y pimienta.

2 Lave las sardinas, séquelas y cúbralas con la marinada. Lave el limón, séquelo, córtelo en rodajas finas, repártalas sobre el pescado y déjelo reposar durante 1 hora.

3 Prepare las acelgas, lávelas y elimine los tallos blancos. Corte las hojas en tiras.

4 Retire las sardinas de la marinada y áselas junto con las rodajas de limón sobre la parrilla de la barbacoa no demasiado caliente unos 4 minutos por cara. Vierta un poco de marinada sobre el pescado mientras lo asa.

5 Caliente la mantequilla en una sartén, prense el ajo restante, añádalo y sofríalo junto con los piñones que sobran. Agregue las acelgas y sofríalas unos 3 minutos, sazone con sal y pimienta. Sirva las sardinas con las acelgas.

Las sardinas están especialmente indicadas para asar a la barbacoa, ya que son pequeñas y su tiempo de cocción es reducido. La carne grasa la protege de la deshidratación excesiva. Sírvalas con las cebollas rellenas de la página 80.

Atún
con hortalizas al sésamo

Preparación
PARA 4 PERSONAS

1 Pele el ajo, píquelo y mézclelo con el zumo de limón. Esparza la mezcla sobre los filetes de atún.

2 Pele las zanahorias y los espárragos. Prepare y lave las cebollas tiernas y los tirabeques. Corte los espárragos en trozos de unos 7 cm de longitud. Corte las zanahorias en tiritas finas. Si lo desea, corte los tirabeques por la mitad y las cebollas tiernas transversalmente en anillos. Hierva los fideos según las instrucciones del paquete. Tueste el sésamo en una sartén sin grasa, resérvelo.

3 Ase el pescado sobre la parrilla caliente de la barbacoa unos 3 minutos por cara. Sazone con sal y pimienta.

4 Caliente los aceites de sésamo y maíz y dore las hortalizas unos 5 minutos. Sazone con la salsa de soja, la sal y la pimienta. Añada los fideos escurridos y dore brevemente.

5 Ponga las hortalizas y los fideos en cuencos. Reparta el atún encima y espolvoree con semillas de berro y sésamo.

Ingredientes

2 dientes de **ajo**

zumo de 1 **limón**

4 filetes de **atún** (150 g cada uno)

5 **zanahorias** · 600 g de **espárragos** blancos

1 manojo de **cebollas** tiernas

100 g de **tirabeques**

350 g de **fideos de huevo chinos**

1 cucharada de **semillas de sésamo**

sal · **pimienta** recién molida

1 cucharada de **aceite de sésamo**

2 cucharadas de **aceite de maíz**

semillas de berro y **sésamo** (para decorar)

Ingredientes

1 **pulpo** grande (limpio)

sal

zumo y cáscara rallada de ½ **lima**

400 g de **mantequilla** ablandada

pimienta recién molida

2 **zanahorias**

8 dientes de **ajo**

15 **aceitunas** verdes

3 cucharadas (aprox.) de **aceite de oliva**

12 rebanadas de **pan**

2 cucharadas de hojas de **cilantro**

Pulpo asado a la barbacoa
con mantequilla de lima

Preparación
PARA 4 PERSONAS

1 Lave el pulpo y póngalo a hervir con agua salada. Déjelo cocer entre 10 y 15 minutos a fuego lento. Déjelo enfriar en el líquido unas 4 horas.

2 Mezcle el zumo y la ralladura de lima con la mantequilla, sazone con sal y pimienta. Pele las zanahorias y el ajo; corte las zanahorias y 6 dientes de ajo en tiras extremadamente finas. Sofría las aceitunas en un poco de aceite caliente. Prense el ajo y añádalo.

3 Saque el pulpo del líquido y déjelo escurrir. Corte los tentáculos, salpimiéntelos y úntelos con aceite. Áselos a la barbacoa unos 10 minutos, hasta que estén dorados. Tueste las rebanadas de pan en la parrilla hasta que estén doradas. Frote los dientes de ajo restantes sobre el pan.

4 Sirva el pulpo con las aceitunas y las rebanadas de pan y cúbralo con mantequilla de lima derretida. Decórelo con las tiras de ajo y zanahoria y las hojas de cilantro.

Broquetas de rape
con rollitos de pimiento

Endiabladamente bueno: los trozos de pescado marinados

y los pimientos dulces son una tentación para la vista y el paladar

Ingredientes

2 pimientos rojos

600 g de filete de rape

2 dientes de ajo

5 cl de jerez seco

2 cucharadas de zumo de limón

2 cucharadas de aceite de oliva

sal · pimienta recién molida

1 cucharadita de tomillo seco

1 cucharada de albahaca picada

3 cucharadas de perejil picado

gajos de limón (para servir)

Preparación
PARA 4 PERSONAS

1 Precaliente el horno a 250 °C. Remoje 8 pinchos de madera unos 30 minutos en agua. Prepare y lave los pimientos, cuartéelos, elimine las semillas y póngalos sobre la placa de hornear cubierta con papel sulfurizado. Hornee los pimientos en la zona media del horno precalentado unos 20 minutos hasta que la piel se oscurezca y se formen burbujas.

2 Retire los pimientos del horno, cúbralos con un paño húmedo y déjelos enfriar, pélelos y córtelos en tiras de 2 cm de anchura enrollándolas sobre sí mismas.

3 Corte el pescado en dados de unos 2 cm, ensártelos en las broquetas alternados con los rollitos de pimiento y ponga las broquetas en una fuente plana.

4 Pele el ajo. Mezcle el jerez, el zumo de limón, 1 cucharada de aceite, sal, pimienta y tomillo. Prense el ajo y añádalo. Cubra las broquetas con la marinada, déles la vuelta y déjelas reposar durante 1 hora.

5 Unte el papel de aluminio con el aceite restante, ponga encima las broquetas y áselas a la barbacoa unos 7 minutos; déles la vuelta continuamente y úntelas con la marinada de vez en cuando. Espolvoree las broquetas de rape con albahaca y perejil. Acompáñelas con gajos de limón.

Filete de trucha asalmonada
con tomates a la brasa

Preparación

1 Prepare y lave los calabacines, las zanahorias y las cebollas tiernas. Pele las zanahorias, corte los calabacines, las zanahorias y las cebollas tiernas en sentido longitudinal en tiras finas. Escalde brevemente las tiras de hortalizas en agua salada hirviendo, escúrralas y déjelas enfriar.

2 Lave y seque el perejil y píquelo finamente. Mezcle 4 cucharadas de aceite, el zumo de limón, el perejil, las semillas de mostaza, la sal y la pimienta para el aliño.

3 Divida los filetes de pescado longitudinalmente y úntelos con un poco de aceite de oliva, sal y pimienta. Lave los tomates cereza, séquelos y úntelos con un poco de aceite de oliva. Ponga los filetes de pescado y los tomates sobre la parrilla de la barbacoa no demasiado caliente y áselos hasta que el pescado esté cocido y los tomates comiencen a reventar.

4 Coloque las hortalizas sobre los filetes de pescado, rocíelos con el aliño y sírvalos con los tomates.

72

Ingredientes

2 **calabacines**

2 **zanahorias**

2 **cebollas** tiernas

sal

½ manojo de **perejil**

5 cucharadas de **aceite de oliva**

zumo de 1 **limón**

2 cucharadas de **semillas de mostaza**

pimienta recién molida

4 filetes de **trucha asalmonada** (150 g cada uno)

500 g de **tomates cereza**

Ingredientes

400 g de **puerro**

2 cucharadas de **aceite**

200 g de **lentejas**

400 ml de **caldo vegetal**

500 g de filete de **bagre**

pimienta blanca

2 cucharadas de zumo de **lima**

1 cucharada de **aceto balsámico**

sal · pimienta recién molida

3 cucharadas de hojas de **estragón** o

perejil picado

Bagre a la barbacoa
con lentejas

Preparación
PARA 4 PERSONAS

1 Prepare y lave el puerro y córtelo en tiras cortas y finas. Caliente 1 cucharada de aceite y sofría el puerro sin dejar de remover. Añada las lentejas y el caldo, caliente hasta que rompa el hervor, tape y déjelo hervir a fuego lento entre 5 y 8 minutos hasta que las lentejas se ablanden.

2 Lave los filetes de bagre, séquelos y córtelos en 4 trozos del mismo tamaño. Sazone los filetes con pimienta y zumo de lima. Engrase la parrilla de la barbacoa y coloque encima los filetes. Áselos 4 minutos por lado.

3 Sazone las lentejas con el aceto balsámico, la sal y la pimienta y añada 2 cucharadas de hojas de hierbas. Sale los filetes de pescado, dispóngalos encima y espolvoréelos con las hojas de hierbas restantes. Si lo desea, decórelos con rodajas de lima.

Broquetas de langostino
con salsa de chile y cilantro

Todos en fila: una combinación única de sabores basada
en el exótico mango y los crujientes mariscos

Ingredientes

Para las broquetas de langostinos
y mango:

12 **langostinos** gigantes pelados

½ manojo de **cilantro**

2 **limas**

1 diente de **ajo**

sal · **pimienta** recién molida

3 cucharadas de **aceite**

1 **mango**

Para la salsa de chile y cilantro:

1 diente de **ajo**

4 cucharadas de **salsa de pescado**

2 cucharadas de **zumo de lima**

1 cucharada de **azúcar moreno**

1 cucharada de **chile** en polvo

1 cucharada de **cilantro** picado

Preparación
PARA 4 PERSONAS

1 Para las broquetas de langostino y mango elimine, si fuese
necesario, el conducto intestinal de los langostinos y enjuáguelos
bajo el chorro del agua fría. Séquelos con papel de cocina.

2 Lave el cilantro, séquelo y píquelo finamente. Lave las limas
con agua caliente, séquelas y exprima una mitad. Corte
las restantes en rodajas. Pele el ajo y prénselo. Mezcle el cilantro
picado con el zumo de lima, sal, pimienta, aceite y ajo. Marine
los langostinos en esta mezcla durante 1 hora.

3 Pele el mango, separe la pulpa del hueso y córtela en trozos.
Escurra los langostinos y ensártelos en las broquetas
alternándolos con los trozos de mango y las rodajas de lima.
Áselos de 3 a 4 minutos por lado.

4 Para la salsa, pele los dientes de ajo y píquelos. Mézclelos con la
salsa de pescado, el zumo de lima, el azúcar moreno, el chile en
polvo y el cilantro hasta que el azúcar se haya disuelto. Sirva esta
salsa con las broquetas.

**Los tallos de hierba limonera son muy
decorativos como broqueta. Si son
demasiado gruesos, deben pelarse capa
a capa y a ser posible cortarles una punta
para que puedan emplearse como pincho.**

Hortalizas y frutas

Bruschetta
de hortalizas y mozzarella

Fresco y colorido: el creador de los sandwiches se quedaría asombrado;
este tipo de tentempié le habría hecho la boca agua

Ingredientes

3 dientes de **ajo**

1 **cebolla roja**

1 **tomate**

1 **berenjena** pequeña

1 **calabacín** pequeño

mozzarella (125 g)

8 **champiñones** grandes

4 cucharadas de **aceite de oliva**

sal · pimienta recién molida

algunas hojas de **albahaca**

8 rebanadas finas de *baguette*

1 cucharada de **aceto balsámico**

Preparación
PARA 4 PERSONAS

1 Pele los dientes de ajo y la cebolla. Parta 2 de los dientes de ajo. Prepare, lave y corte el tomate, la berenjena y el calabacín en rodajas. Escurra la mozzarella y córtela en rodajas como la cebolla. Limpie los champiñones, pero no los lave, y elimine los pies.

2 Prense los dientes de ajo sobrantes y mézclelos con la mitad del aceite de oliva. Ase la berenjena, el calabacín, la cebolla y los champiñones sobre la parrilla caliente por ambas caras durante unos 3 minutos, pincélelos con el aceite de ajo y salpimiéntelos.

3 Lave y seque las hojas de albahaca. Tueste las rebanadas de pan sobre la parrilla de la barbacoa hasta que estén doradas y frótelas con los dientes de ajo partidos por la mitad. Rocíelas con el aceite de oliva y cúbralas con las hortalizas, los tomates, las hojas de albahaca y las rodajas de mozzarella. Ponga unas gotas de aceto balsámico sobre cada una y sírvalas inmediatamente.

La *bruschetta* original proviene de los Abruzos y consistía en una rebanada de pan gruesa y tostada, frotada con ajo, rociada con aceite de oliva y cubierta con dados de tomate.

Tomates y cebollas
con dos rellenos

¿Quiere sorprender a sus invitados? Levante la tapa de los contenedores
que también puede comer –y el secreto quedará al descubierto

Ingredientes

Para los tomates rellenos:

4 **tomates** pequeños

300 g de **espinacas** frescas

1 **escalonia** · 1 diente de **ajo**

40 g de **mantequilla**

sal · **pimienta** recién molida

4 hojas de **albahaca** picadas

100 g de **ricotta**

1 cucharada de **parmesano** recién

rallado

aceite de oliva (para untar)

Para las cebollas rellenas:

4 **cebollas**

4 rebanadas de **pan de molde**

2 cucharadas de **aceite de oliva**

1 cucharada de **mejorana** picada

1-2 cucharadas de **crema agria**

sal · **pimienta** recién molida

Preparación
PARA 4 PERSONAS

1 Para los tomates rellenos, lave y seque los tomates. Corte el cuarto superior a modo de sombrero, vacíelos y séquelos.

2 Lave las espinacas, córtelas y déjelas escurrir. Pele la escalonia y córtela en dados. Pele y pique el ajo.

3 Derrita la mantequilla. Sofría el ajo y la cebolla en la mantequilla. Añada las espinacas y deje que reduzcan de volumen. Sazónelas con sal y pimienta. Incorpore las hojas de albahaca.

4 Mezcle la ricotta y el parmesano con las espinacas y rellene los tomates con esta mezcla. Pincele con aceite un trozo de papel de aluminio, póngalo sobre la parrilla de la barbacoa y coloque encima los tomates. Áselos de 10 a 12 minutos.

5 Para las cebollas rellenas, pele las cebollas y corte un sombrero. Vacíe las cebollas dejando únicamente 2 capas. Pique la parte vaciada. Elimine la corteza del pan de molde y córtelo en dados. Sofría las cebollas en 1 cucharada de aceite de oliva, añada la mejorana, la crema agria y los dados de pan. Sazone con sal y pimienta.

6 Rellene las cebollas con esta mezcla, coloque el sombrero y ate las cebollas con un bramante. Rocíe las cebollas con aceite y póngalas sobre la parrilla de la barbacoa durante unos 20 a 30 minutos. No se olvide de darles la vuelta varias veces hasta que estén doradas.

Mazorcas de maíz asado
con mantequilla picante

Preparación
PARA 4 PERSONAS

1 Hierva las mazorcas de maíz con sus hojas en agua salada hirviendo unos 10 minutos y déjelas escurrir bien. Separe las hojas con cuidado y elimine los hilos.

2 Pincele las mazorcas con 3 cucharadas de mantequilla ablandada y vuelva a taparlas con sus hojas. Tueste las mazorcas en la parrilla de la barbacoa de 8 a 10 minutos hasta que estén doradas; déles la vuelta de vez en cuando.

3 Abra el chile longitudinalmente, elimine las semillas, lávelo, séquelo y píquelo finamente. Derrita la mantequilla restante, agregue el chile y el perejil picado y sazone la mantequilla con la sal y la pimienta.

4 Disponga las mazorcas de maíz sobre los platos y reparta la mantequilla por encima.

Ingredientes

4 mazorcas de **maíz** (con hojas)

sal

6 cucharadas de **mantequilla** ablandada

1 **chile** rojo

2 cucharaditas de **perejil** picado

pimienta recién molida

Ingredientes

4 cabezas de **ajo** frescas y pequeñas

8 rebanadas de **pan de barra**

2-3 cucharadas de **aceite de oliva**

sal · pimienta recién molida

Ajo horneado
sobre tostadas

Preparación
PARA 4 PERSONAS

1 Envuelva los ajos en un trozo pequeño de papel de aluminio y áselos lentamente sobre la parrilla de la barbacoa unos 45 minutos.

2 Tueste el pan de barra sobre la parrilla de la barbacoa y rocíelo con el aceite de oliva.

3 Saque las cabezas de ajo del papel de aluminio y repártalas sobre las rebanadas de pan. Para comer, presione la piel para liberar los dientes de ajo y frótelos sobre el pan. Si lo desea, sazone con sal y pimienta.

Tortillas con hortalizas
asadas a la barbacoa

Envuelto para llevar: las tortillas de harina son un buen envoltorio

para las aromáticas hortalizas con queso de oveja

Ingredientes

Para las hortalizas:

1,5 kg de **hortalizas** variadas

(p. ej. zanahorias, calabacines,

berenjenas, pimientos, apio, ajo)

3 ramas de **romero** fresco

3 cucharadas de **aceite de oliva**

1 diente de **ajo**

2 cucharadas de **zumo de limón**

3 cucharadas de **caldo vegetal**

sal · pimienta recién molida

150 g de **queso de oveja**

Para las tortillas:

100 g de **harina de maíz**

100 g de **harina de trigo**

1 cucharadita de **sal**

Preparación
PARA 4–6 PERSONAS

1 Lave las hortalizas y, según sea necesario, límpielas o pélelas. Corte las zanahorias, los calabacines y las berenjenas en rodajas; el pimiento y el apio en trozos, y deje enteros los dientes de ajo.

2 Lave el romero, séquelo y corte las ramas en trozos más pequeños. Mezcle bien en un cuenco las hortalizas con las hierbas y 2 cucharadas de aceite de oliva.

3 Pele el ajo. Mezcle el aceite de oliva restante con el zumo de limón y el caldo, sazone con sal y pimienta. Prense el ajo y añádalo. Corte el queso de oveja en dados e incorpórelo.

4 Para las tortillas, mezcle la harina de maíz, la de trigo, sal y de 125 a 150 ml de agua tibia hasta formar una masa fina; déjela reposar tapada unos 20 minutos.

5 Forme con la masa 8 bolas del mismo tamaño y extiéndalas con el rodillo sobre la superficie de trabajo enharinada hasta formar una tortilla fina de unos 15 cm de diámetro. Hornéela en una sartén sin grasa 1 minuto por cara. Forme pequeños cucuruchos con las tortillas calientes.

6 Reparta las hortalizas en 2 cubetas de aluminio para la parrilla de la barbacoa. Áselas sobre la parrilla caliente de 8 a 10 minutos; muévalas una vez. Rellene las tortillas con las hortalizas asadas y el queso de oveja.

Broquetas de hortalizas
con salsa de tomate

Son tan **parecidas** que puede combinar toda clase de hortalizas.
Sólo los **aficionados** a los vegetales apreciarán estas broquetas

Ingredientes

Para las broquetas de hortalizas:

1 **berenjena** larga y fina

2 **calabacines** finos

4 **escalonias**

8 **champiñones** pequeños

8 **tomates cereza** · 4 **mazorcas** mini

1 rama de **romero** fresco

2 hojas de **laurel**

1 cucharada de **aceite de oliva**

sal · **pimienta** recién molida

Para la salsa de tomate:

500 g de **tomate**

50 g de **tomates** secados en aceite

2 **cebollas** tiernas

2 cucharadas de **aceite de oliva**

2 cucharadas de **zumo de limón**

pimienta de Cayena

Preparación
PARA 4 PERSONAS

1 Remoje 8 pinchos de madera unos 30 minutos en agua. Prepare y lave la berenjena y los calabacines y corte la berenjena en 8 trozos y cada calabacín en 4 trozos. Pele las escalonias y córtelas por la mitad. Limpie los champiñones.

2 Lave los tomates cereza y las mazorcas mini. Corte las mazorcas longitudinalmente por la mitad. Lave la rama de romero, séquela y divídala en 4 porciones. Parta las hojas de laurel.

3 Ensarte las hortalizas con las hierbas alternadas en las broquetas, úntelas con aceite y sazone con sal y pimienta. Áselas sobre parrilla de la barbacoa en recipientes de aluminio de 25 a 30 minutos; déles la vuelta de vez en cuando.

4 Para la salsa de tomate, escalde los tomates, pélelos, cuartéelos, elimine las semillas y córtelos en dados. Escurra los tomates deshidratados y córtelos en trozos.

5 Prepare y lave las cebollas tiernas y córtelas en trozos pequeños. Mezcle el aceite de oliva, el zumo de limón, la sal, la pimienta y una pizca de pimienta de Cayena e incorpore los tomates y las cebollas tiernas.

6 Para servir las broquetas, dispóngalas sobre los platos y sirva la salsa de tomate aparte.

Rollitos de berenjena
y paquetitos de calabacín

Enrollados y **envueltos**: a salsa fresca de yogur y menta realza

el sabor de los deliciosos rellenos de **queso**

Ingredientes

Para los rollitos de berenjena:

1 **berenjena** grande · **sal**

½ manojo de **perejil** · 1 diente de **ajo**

50 ml de **aceite de oliva**

50 g de **parmesano** recién rallado

1-2 cucharadas de **pan rallado**

pimienta recién molida

75 g (aprox.) de **mozzarella**

Para los paquetitos de calabacín:

1-2 **calabacines**

un poco de **aceite de oliva**

5-6 **tomates** secados en aceite

½ manojo de **albahaca** · 1 diente

de **ajo** · 80 g de **queso de oveja**

sal · **pimienta** recién molida

Para la salsa de yogur y menta:

300 g de **yogur** · 2 dientes de **ajo**

picado · 3 cucharadas de **menta**

picada · **zumo de limón**

Preparación
PARA 4 PERSONAS

1 Para los rollitos de berenjena, prepárela, lávela y córtela longitudinalmente en rodajas finas. Espolvoréelas con sal y déjelas reposar unos 30 minutos. Lávelas y séquelas. Lave y seque el perejil y píquelo finamente. Pele los dientes de ajo y píquelos, sofríalos a fuego lento en aceite de oliva. Retire del fuego, añada el parmesano y suficiente pan rallado para formar una masa que se pueda untar. Sazone con sal y pimienta.

2 Extienda las rodajas de berenjena una junto a otra y cúbralas con la pasta. Corte la mozzarella en tiras de 1 cm de grosor y ponga una tira sobre cada rodaja de berenjena. Enróllelas y sujételas con un palillo de madera. Ase los rollitos hasta que estén dorados. Déles la vuelta una vez.

3 Para los paquetitos de calabacín, prepare, lave y seque los calabacines y córtelos longitudinalmente en lonchas de 0,5 cm de grosor. Ponga 2 lonchas en forma de cruz y úntelas con aceite. Deje escurrir los tomates y córtelos en trozos pequeños. Lave la albahaca, séquela y córtela en trozos pequeños. Pele el ajo y píquelo finamente. Desmenuce el queso de oveja. Mezcle los tomates, la albahaca y el ajo con el queso y sazone con sal y pimienta.

4 Reparta la mezcla sobre las lonchas de calabacín y dóblelas sobre sí de tal manera que forme pequeños paquetes. Sujételas con palillos de madera. Unte los paquetitos con aceite y áselos durante unos 3 a 5 minutos. Sirva los rollitos con la salsa de yogur y menta. Mezcle los ingredientes, sazone con sal y pimienta y deje que se enfríen antes de servir.

Higos asados
con melón y jamón

¿Dulce o salado? Como aperitivo para sus invitados,

esta combinación de sabores será todo un éxito

Ingredientes

1 **melón** amarillo

1 manojo de **berros**

8 **higos** frescos

250 g de **jamón serrano**

Para el aliño:

90

2 cucharadas de **vinagre de Jerez**

2 cucharadas de **aceto balsámico**

sal · pimienta recién molida

2 cucharadas de **aceite de nuez**

1 cucharadita de **jarabe de arce**

o **miel**

pimienta de Cayena

Preparación
PARA 4 PERSONAS

1 Parta el melón y elimine las pepitas con una cuchara. Pele las mitades de melón y córtelas en rodajas finas.

2 Prepare y lave los berros, sepárelos y centrifúguelos. Parta los higos y áselos sobre la parrilla unos minutos.

3 Reparta los berros sobre los platos y disponga las rodajas de melón y jamón de manera decorativa. Reparta encima los higos asados.

4 Para el aliño, mezcle el vinagre de Jerez y el aceto balsámico con sal y pimienta, incorpore el aceite batiendo, añada el jarabe de arce y sazone con una pizca de pimienta de Cayena. Reparta el aliño sobre los higos asados y sírvalos aún calientes.

El melón y el jamón serrano son un entrante excelente. Los higos asados dan un toque especial. Si sirve los higos asados como postre, acompáñelos con crema batida.

Frutas asadas
con salsa dulce

Preparación

1 Lave y seque los melocotones y las nectarinas, divídalos por la mitad y elimine el hueso. Divida la piña y corte cada mitad en 5 gajos. Lave y seque las manzanas, elimine las semillas y córtelas en rodajas de 1 cm de grosor.

2 Para la salsa, derrita la mantequilla y mézclela con el jarabe de arce y el zumo de limón.

3 Ase los melocotones, las nectarinas y las manzanas por ambas caras. Ase la piña por la cara de la pulpa. Separe la carne de la piel, pero sírvala en ésta. Sirva la salsa con las frutas.

4 En lugar de la salsa con el jarabe de arce, también puede preparar una salsa de ron y mantequilla: mezcle 50 g de mantequilla derretida con 1 cucharadita de jengibre, 2 cucharadas de ron y 1 cucharada de azúcar.

92

Ingredientes

5 **melocotones** y 5 **nectarinas**

1 **piña**

2 **manzanas** grandes

2 cucharadas de **mantequilla**

150 g de **jarabe de arce**

2 cucharadas de **zumo de limón**

Ingredientes

frutas variadas (p. ej. fresas, piña, mango, mandarinas)

1 cucharada de **mantequilla**

1 cucharada de **zumo de limón**

1 cucharada de **canela** en polvo

200 g de **chocolate negro bitter**

100 g de **crema de leche** espesa

Broquetas de fruta
con salsa de chocolate

Preparación
PARA 4 PERSONAS

1 Prepare y lave las frutas, séquelas y córtelas en trozos del tamaño de un bocado. Ensártelas alternadas en las broquetas.

2 Derrita la mantequilla y mézclela con zumo de limón y canela. Unte las broquetas con esta mezcla, colóquelas sobre la parrilla de la barbacoa y áselas de 3 a 5 minutos; déles la vuelta una vez.

3 Trocee el chocolate y derrítalo en un cazo. Añada la crema y remuévala hasta obtener una salsa lisa. Sirva la salsa con las broquetas de fruta.

4 En lugar de la salsa de chocolate puede servir helado de vainilla con crema y fruta de la pasión con zumo de limón y licor de maracuyá.

Plátanos asados
y nectarinas rellenas

Dulce como debe ser: un postre da el toque final a una buena comida

–un toque desconcertante si se trata de fruta asada

Ingredientes

Para los plátanos asados:

4 **plátanos minis** o 2 **plátanos normales**

1 cucharadita de **zumo de limón**

3 cucharadas de **crema acidificada**

2 cucharadas de **azúcar**

Para las nectarinas rellenas:

4 **nectarinas** maduras

(o melocotones)

75 g de **mazapán** crudo

75 g de **mascarpone**

3 almendrados

Preparación
PARA 4 PERSONAS

1 Para los plátanos asados, ase los plátanos con su piel sin dejar de darles la vuelta de 6 a 8 minutos hasta que la piel adquiera un color negro.

2 Corte los plátanos longitudinalmente por la mitad. Mezcle el zumo de limón, la crema acidificada y el azúcar y repártalo sobre las mitades de plátano.

3 Para la fruta rellena, lave y seque las nectarinas o los melocotones, córtelos por la mitad y deshuéselos. Divida el mazapán en 8 porciones y forme bolitas pequeñas.

4 Ase las mitades de la fruta hasta que estén calientes y pueda apreciarse la marca de la parrilla. Ponga 1 bolita de mazapán en cada hueco del hueso de las nectarinas o los melocotones. Reparta el mascarpone sobre el mazapán. Desmenuce los almendrados y espolvoréelos por encima. Vuelva a poner las mitades de fruta sobre la parrilla hasta que el mascarpone comience a derretirse.

Pruebe a asar también manzanas: mezcle mazapán con azúcar lustre y pasas. Vacíe las manzanas, rellénelas con el mazapán y cúbralas con copos pequeños de mantequilla. Envuélvalas en papel de aluminio y áselas durante unos 20 minutos.

Índice de recetas

BLUME

Título original:
Barbecue

Traducción:
Maite Rodríguez Fischer

Revisión de la edición en lengua española:
Ana María Pérez Martínez
Especialista en temas culinarios

Coordinación de la edición en lengua española:
Cristina Rodríguez Fischer

Primera edición en lengua española 2004

© 2004 Naturart, S.A. Editado por BLUME
Av. Mare de Déu de Lorda, 20
08034 Barcelona
Tel. 93 205 40 00   Fax 93 205 14 41
E-mail: info@blume.net
© 2003 Verlag Zabert Sandmann GmbH, Múnich

ISBN: 84-8076-544-5
Depósito legal: B. 34.801-2004
Impreso en Filabo, S.A., Sant Joan Despí (Barcelona)

Créditos fotográficos

Cubierta: StockFood/Jean Cazals (portada); StockFood/Ashley Mackevicius (contraportada derecha); StockFood/James Duncan (centro); StockFood/Ian Garlic (izquierda)
Walter Cimbal: 8i, 9s; Jo Kirchherr: 25, 38, 43, 53, 55, 59, 61, 75, 81, 89, 95; StockFood/Uwe Bender: 16; StockFood/Alexander van Berge: 82; StockFood/Harry Bischof 6d, 8s, 21, 31; StockFood/Michael Boyny: 13; StockFood/Michael Brauner: 39, 71; StockFood/Jean Cazals: 29, 37, 79, 93; StockFood/Cephas: 4-5; StockFood/Achim Deimling-Ostrinsky: 22, 35, 50; StockFood/James Duncan: 72, 62; StockFood/S.&P. Eising 7 (si,sd), 9c; 10-11, 17, 19, 23, 51, 65, 67, 73, 85; StockFood/Susie Eising: 2-3, 9i, 44, 69; StockFood/Ian Garlic: 27, 41, 92; StockFood/David Loftus: 91; StockFood/Ashley Mackevicius: 32-33, 47; StockFood/Renato Marcialis: 28; StockFood/Amos Schliack 7 (2ªsd); StockFood/Maximilian Stock LTD: 6i, 7 (2ªii); StockFood/Antje Plewinski: 45, 68; StockFood/Ellen Silverman: 83; StockFood/Studio Adna: 56-57, 63; StockFood/Martina Urban: 7 (ii, c); 15, 76-77, 87; StockFood/Elisabeth Watt: 49.